A psicanálise e o religioso

CB130528

Transmissão da Psicanálise

diretor: Marco Antonio Coutinho Jorge

Philippe Julien

A psicanálise e o religioso

Freud, Jung, Lacan

Tradução:
Claudia Berliner

Revisão Técnica:
Marco Antonio Coutinho Jorge
professor do Programa de Pós-graduação em Psicanálise, Instituto de Psicologia/Uerj

ZAHAR

Copyright © 2008 by Les Éditions du Cerf

Grafia atualizada segundo o Acordo Ortográfico da Língua Portuguesa de 1990, que entrou em vigor no Brasil em 2009.

Tradução autorizada da primeira edição francesa, publicada em 2008 por Les Éditions du Cerf, de Paris, França

Título original
La psychanalyse et le religieux (Freud, Jung, Lacan)

Capa
Dupla Design

Revisão
Claudia Ajuz
Eduardo Farias

CIP-Brasil. Catalogação na fonte
Sindicato Nacional dos Editores de Livros, RJ

J89p

Julien, Philippe, 1926-
A psicanálise e o religioso: Freud, Jung, Lacan / Philippe Julien; tradução Claudia Berliner; revisão técnica Marco Antonio Coutinho Jorge. – 1ª ed. – Rio de Janeiro: Zahar, 2010.

(Transmissão da psicanálise)

Tradução de: La psychanalyse et le religieux: (Freud, Jung, Lacan)
ISBN 978-85-378-0263-2

1. Freud, Sigmund, 1856-1939. 2. Jung, C.G. (Carl Gustav), 1875-1961. 3. Lacan, Jacques, 1901-1981. 4. Psicanálise e religião. I. Título. II. Série.

10-1898

CDD: 200.19
CDU: 211.000.19

Todos os direitos desta edição reservados à
EDITORA SCHWARCZ S.A.
Praça Floriano, 19, sala 3001 – Cinelândia
20031-050 – Rio de Janeiro – RJ
Telefone: (21) 3993-7510
www.companhiadasletras.com.br
www.blogdacompanhia.com.br
facebook.com/editorazahar
instagram.com/editorazahar
twitter.com/editorazahar

Para aqueles que, ardendo no
prazer da verdade, tornaram-se presa
dos cães de seus próprios pensamentos.

Sumário

Introdução

Psicanálise e religião estão numa situação social em que são demandadas e em que se estabelecem. Antigamente, antes do surgimento da modernidade, ao topar com uma causa de angústia e de incerteza, o sujeito humano costumava ter referências que lhe permitiam achar uma resposta. De fato, identidades culturais ou comunidades religiosas forneciam-lhe coordenadas claras e estáveis. Hoje, porém, sobretudo no Ocidente, a globalização, a economia de mercado, a tecnologia, o anonimato urbano, o desenraizamento generalizado e o declínio das autoridades familiares e públicas deixam o indivíduo perturbado e confuso.

Como responder sozinhos aos sintomas que nos atingem? Eles se multiplicam sem parar: toxicomania, violência, assédio moral ou sexual, crise conjugal, fracasso escolar, conflito profissional, escolha materna entre abandono do filho* ou aborto, hesitação insuportável entre

* Na França, as mulheres têm a possibilidade de entregar o filho para adoção logo ao nascer, sem necessariamente ter de revelar sua identidade. Esse direito chama-se *accouchement sous X*. (N.T.)

eutanásia ou não, frigidez ou impotência sexual, manias diversas ou depressão, fobias ou angústia, distúrbios de memória e assim por diante, sendo que cada sintoma coloca uma indagação sem fim, porque nunca é possível livrar-se dele sozinho.

É por esse motivo que nas nossas sociedades atuais, em que a modernidade levou a melhor, há uma demanda de sentido dirigida ao psicanalítico ou ao religioso. Mas então coloca-se a seguinte questão: que relação existe entre psicanálise e religião?

É uma questão inevitável. Em *Die Frage der Laienanalyse* ["A questão da análise leiga"], Freud demonstra que, diferentemente da medicina, o ensino analítico envolve história da civilização, mitologia, psicologia das religiões e literatura. "Sem uma boa orientação nesses campos, o analista não consegue entender grande parte do material que a ele se apresenta."[1]

No entanto, que boa orientação haverá no que concerne à religião? Existem muitas respostas a essa pergunta. Para alguns, psicanálise e religião são dois campos separados quanto a seu fim e, portanto, quanto a seus meios. Assim, a psicanálise não seria nem a favor nem contra a religião. Para outros, ao contrário, a experiência psicanalítica conduz, necessariamente, ao antiteísmo pela descoberta de que toda crença religiosa é, em si, uma ilusão. Foi por isso que, na primeira metade do século XX, as autoridades eclesiásticas se opuseram à psicanálise. Mas elas evoluíram e adotam agora uma posição de certa receptividade. Por exemplo, foi declarado no Concílio Vaticano II:

> Na atividade pastoral, conheçam-se e apliquem-se suficientemente não apenas os princípios teológicos, mas também os dados das ciências profanas, principalmente da psicologia e da sociologia, para que, assim, os fiéis sejam conduzidos a uma vida de fé mais pura e adulta (*Gaudium et spes*, 62).

Mas todas essas posições, sejam elas quais forem, têm o inconveniente de serem teóricas. Ora, em *Die Frage der Laienanalyse*, Freud afirmava não haver uma teoria analítica *a priori* que fundamentaria a prática. O que predomina é a prática; em outras palavras, tudo depende de cada caso concreto. Assim, em certas situações, o religioso pode fazer resistência à análise, mantendo uma autoculpabilização do sexual. Existem outros casos, porém, em que ocorre o inverso: há acordo e coincidência entre determinado discurso religioso e o progresso na análise.

Portanto, a relação entre psicanálise e religião não é única. Deve ser discernida em função do conteúdo do discurso religioso e em função de cada prática da psicanálise. Por isso é que, historicamente, essa relação foi interpretada segundo três orientações: a de Freud, a de Jung e a de Lacan.

1. A religiosidade segundo Freud

O primeiro texto de Freud sobre a religião data de 1907. Não é ainda uma análise da crença. Intitulado "Atos obsessivos e práticas religiosas",[1] apenas constata uma similitude entre os atos do neurótico obsessivo e o cerimonial público da prática religiosa.

Em ambos os casos, há compulsão a repetir certos atos, por preocupação com a ordem, a meticulosidade, a pontualidade e a perfeição, e tudo isso para evitar a angústia. Tem-se, assim, renúncia às pulsões: às pulsões sexuais na neurose, às pulsões egoístas na religião. Mas isso é só analogia, da qual Freud conclui que na neurose há uma religiosidade individual e, na religião, uma neurose obsessiva coletiva – distinção importante que, mais tarde, ele ultrapassará. Em todo caso, é apenas uma constatação puramente descritiva, não um argumento explicativo.

"Die Hilflosigkeit"

Depois desse artigo, Freud abordará a verdadeira relação entre psicanálise e religião, mostrando como a análise nos faz descobrir a própria razão da crença em Deus. Como pode esta nascer um dia no ser humano? Cedo ou tarde, todo sujeito passa pela experiência do que Freud chamou de *Hilflosigkeit*, ou seja, um estado de desamparo, de ausência de ajuda, de carência de recursos, de derrelição, de abandono. Essa experiência não é primeira. De fato, habitualmente, a criança vive sob proteção desde o nascimento. Deitada de costas, ela grita e chora e a mãe ou o pai intervêm para satisfazer alguma necessidade sua. Mais tarde, também, a criança aprenderá a falar e a exprimir sua demanda disto ou daquilo, fazendo com que algum conhecido apareça.

Mais eis que um belo dia vem a ausência de resposta. A mãe ou o pai se ausentam; é o vazio, o abismo: *Hilflosigkeit*. A proteção contra os riscos, as vicissitudes e as infelicidades a que se está irredutivelmente submetido é cada vez menos garantida. É esse, de fato, o primeiro trauma da existência humana – choque inevitável como condição do nascimento do sujeito que se indaga: como será que isso é possível? Será que vem do ódio do outro? Ou de sua indiferença? Por que essa *alternância* entre presença e ausência, esse vaivém sem restrições? Não há resposta certa para essas perguntas. O enigma do desejo do outro permanece.

A partir disso é que Freud constata que certo dia algo novo surge: a saudade do passado em que a mãe ou o pai intervinham, saudade de um estado de felicidade em que o recurso a uma proteção estava garantido. É esse o móbil da religião. Esta sobrevém pouco depois, a partir dessa mesma experiência de *Hilflosigkeit* perante o caráter aleatório dos rumos da vida. Há então, diz Freud, saudade do pai, não da mãe, mas daquele a quem se atribui a *onipotência*, ou seja, o Pai com maiúscula, o Pai *divino*. A psicanálise descobre, assim, a razão do nascimento da crença num Deus ao mesmo tempo senhor e pai; a questão é superar a angústia de desproteção pela fé numa onipotência protetora.

Quais os principais textos em que Freud expõe essa demonstração? Primeiro, em 1910, em "Leonardo da Vinci e uma lembrança da sua infância", Freud escreve: "A psicanálise nos fez ver que o Deus pessoal *nada mais* é, psicologicamente falando, que um pai posto nas nuvens."[2] E acrescenta: "O Deus justo e todo-poderoso e a Natureza bondosa aparecem-nos como magnas sublimações do pai e da mãe."[3]

Assim, Freud reconhece no ser humano o que ele denomina "religiosidade". Ela provém, primeiro, de uma incapacidade física de ajudar a si próprio e, portanto, de uma necessidade de ajuda. Ora, esse estado é sentido novamente mais tarde, quando, diz Freud, "o homem reconheceu sua desproteção (*Verlassenheit*) e fragilidade reais diante das grandes forças da vida".[4] A questão, portanto, continua Freud, é recuperar a esperança "por meio da renovação regressiva das forças protetoras infantis".[5]

Esse é o lugar da religiosidade. Mas, em 1927, em *O futuro de uma ilusão*, Freud vai mais longe. No capítulo III, mostra que, desde a origem, o homem atribuiu às forças naturais as características do pai, divinizando-as: "Os deuses têm sua tripla tarefa a cumprir: exorcizar as forças da natureza, nos reconciliar com a crueldade do destino … e nos compensar pelos sofrimentos e privações que a vida em comum dos civilizados impõe ao homem."[6] É sobretudo essa terceira função que é atribuída aos deuses. "Cabedal de ideias", diz Freud, "construído com o material fornecido pelas lembranças do desamparo em que o homem se encontrava na sua própria infância."[7]

Por isso as ideias religiosas são "a realização dos mais antigos, fortes e prementes desejos da humanidade; o segredo de suas forças reside na força desses desejos".[8] Que valor real têm essas ideias? Freud responde: "Assim como não podem ser provadas, tampouco podem ser refutadas",[9] pois estão em si mesmas além da razão. Com efeito, se decorrem da necessidade de prestar socorro à impotência humana, são de ordem psíquica e não real, de ordem subjetiva e não objetiva.

Dois anos depois, em 1929, Freud retoma essa interpretação em *O mal-estar na civilização.*

Precisa-a assim: esse sentimento de dependência absoluta "não se deve simplesmente a uma sobrevivência dessas necessidades infantis, mas é permanentemente reanimado pela angústia do homem diante da preponderância poderosa do destino".[10] Esse é o motivo do apelo, diz ele, "à figura de um pai extraordinariamente engrandecido",[11] de um Pai ideal, digamos.

Uma última vez Freud confirmará sua posição em 1933, nas suas *Novas conferências introdutórias à psicanálise*, na 35ª conferência, intitulada "A questão de uma Weltanschauung".[12]

II. Psicanálise e modernidade

O que Freud descreve sobre o religioso concerne a qualquer religião? O divino que ele descobre na "religiosidade" humana será o de toda crença religiosa? Não se pode evitar responder a essas perguntas. Com efeito, historicamente falando, a religião não existe; existe esta e existe aquela religião, cada uma diferente das outras e até em contradição entre si.

Ora, o religioso de que Freud fala tem o caráter de onipotência absoluta, enquanto proteção divina perante a impotência humana. Trata-se aí, precisamente, do sagrado, tal como o apresentaram, entre outros, Rudolfo Otto[1], Mircea Eliade[2] e Lucien Jerphanion[3]. O sagrado é o *numen*, um poder divino atuante que provoca no homem uma emoção religiosa. É, sobretudo, um sentimento de soberania cósmica e de hierarquia (em grego: *hierós*, sagrado; *arkhé*, origem), ou seja, de um sagrado fundador. A esse sentimento, juntam-se temor e pavor ante um mistério oculto que se revela de surpresa em aparições fantasmáticas e demoníacas. Ao mesmo tempo, porém, esse sagrado é fascinante e dionisíaco, provocando possessão e êxtase.

Esse *numinosum* se faz presente por divinização de elementos cósmicos, portanto, por imagens, figurações e ídolos. No entanto, é essencialmente pela narrativa mítica e poética que ele se transmite no povo. Por isso Lucien Jerphanion diz, a respeito dos mitos:

> Onde houvesse uma obsessão para aquietar, uma necessidade para satisfazer, um prazer para conceder, um enigma para resolver, surgiam poderes, benéficos ou maléficos, a serem conjurados ou atraídos. Os elementos como que tinham se povoado de deuses.[4]

Assim, ele retoma a interpretação freudiana: "Em cada etnia, em cada comunidade, até mesmo em cada família se estava vinculado aos deuses como que por um laço de vassalagem que implicava proteção, por um lado, e dependência, por outro."[5]

Ora, sabemos agora que esse sagrado concerne somente às religiões ditas pagãs ou primitivas, antes do surgimento do judeu-cristianismo. É dessa religiosidade, como fundo comum do paganismo, que fala Freud. Mas o judeu-cristianismo destruiu o "numinoso" mediante uma tripla revelação. O que aconteceu de fato?

Primeiramente, com o judaísmo o mundo foi dessacralizado. O segundo mandamento da Lei revelada por Javé a Moisés enuncia-se assim: "Não farás para ti escultura, nem imagem alguma daquilo que existe no céu ou na terra, ou nas águas, debaixo da terra" (Ex 20, 4).

Deus é da ordem da palavra a ser escutada, palavra que transcende qualquer imagem. O cosmos já não revela o divino; ao contrário dos Baals, o visível (a água, o mar) não mostra o invisível.

Mas, segunda revelação: o mito que revela as origens que não cessam de se repetir é questionado pelo factual, que surge sempre novo em sua contingência imprevisível. Com efeito, Deus se encarna não na história, mas numa determinada história. Perde sua onipotência pagã e sagrada e se submete ao fato humano. Essa é a segunda novidade. O Deus chamado Jesus é não potente. Ele não se impõe, não domina, mas se faz dependente das contingências da existência: criança nascida de uma mulher chamada Maria (que se torna mãe de Deus, embora, ontologicamente falando, seja criada por Deus), corpo depositado num estábulo entre um boi e um asno, obrigado a abandonar sua terra natal e fugir com seus pais para o Egito para evitar perseguições. Mais tarde, fazendo milagres, ele se recusa a virar o rei que a multidão reclama e permanece na solidão, para que o religioso se distinga do político: "Dai a Cesar o que é de Cesar, e a Deus o que é de Deus", diz o evangelho de são Mateus (22, 21).

De fato, já não há dominação político-religiosa, mas o encontro com o aleatório: sorte ou azar! É o desconhecido da liberdade do homem; assim, ora o discípulo Pedro segue Jesus, ora o trai. O mais decisivo, porém, é o acontecimento revelador que é a condenação à morte de Jesus numa cruz. Nisso está o sinal cabal da experiência da *Hilflosigkeit*, do estado de abandono. Donde a pergunta: "Meus Deus, meu Deus, por que me abandonaste?" (Mc 15, 34). Jesus está na dependência dos homens, são eles que decidem. Em outras palavras, a saudade do pai, de que Freud fala, pode explicar a pergunta: "Por que me abandonaste?", mas não há resposta: silêncio de Deus pai. Essa é sua "morte" com o cristianismo. A *Hilflosigkeit* passa a ser um abismo sem fundo, um vazio irremediável, justamente onde, no paganismo, se instalava a plenitude de um poder absoluto.

Enfim, terceira revelação, a do Espírito divino enviado ao mundo pelo Pai e pelo Filho. Ele instaura o luto de um divino onipotente pela atualização progressiva nos homens das duas primeiras revelações. Passados 20 séculos, podemos distinguir três consequências culturais disso.

1. Inicialmente, a dessacralização do mundo possibilitou o nascimento da ciência. Não se trata da ciência antiga, mas da física matemática, um saber cifrado, que só pôde nascer na cultura impregnada pelo cristianismo. Sem essa religião, Descartes, Copérnico, Kepler, Galileu e outros não teriam podido inventar nada. O céu não é sagrado e sim matematizável, como a própria Terra. Foi o que levou o filósofo Alexandre Kojève a escrever em seu artigo intitulado "A origem cristã da ciência moderna":[6] "Poucos fatos históricos são tão incontestáveis quanto a conexão entre a ciência e a técnica modernas e a religião ou mesmo a teologia cristãs." Prova disso, segundo o filósofo, é que

> ninguém contesta que a física matemática de vocação universal nasceu no século XVI na Europa ocidental ... e que só a encontramos onde também se faz presente, se não o cristianismo como religião, ao menos a civilização à qual não temos nenhum motivo para não chamar de cristã.

E, recentemente, Marcel Gauchet, em seu livro *Le désenchantement du monde* [O desencantamento do mundo], disse nesse mesmo sentido: "A emergência do pensamento racional e o desenvolvimento da fé monoteísta devem ser entendidos como duas expressões ou dois momentos da transformação do universo mágico-mítico,"[7] ou seja, a religião cristã profanizou o mundo celeste e terrestre.

2. Mais ainda, segunda consequência, instaurou-se uma desierarquização do poder religioso e político: doravante, nem tudo vem de Cima. A religião dá lugar ao laicismo. Há igualmente secularização do poder político com o nascimento da democracia nas civilizações cristãs. Na família, a paternidade já não é o poder fundador que tinha entre os romanos. Agora, a história se inventa dia após dia na igualdade de direito do poder, com o declínio do culto da imagem forte e grandiosa da autoridade, desde a *kénose* de Deus fazendo-se homem.

3. Por fim, o mais decisivo no que concerne à psicanálise é o nascimento da liberdade de consciência. O discurso eclesiástico e o discurso do Estado não compõem o todo da lei. A palavra final cabe à consciência

do sujeito, que conclui sozinho sobre a resposta a dar a determinado acontecimento.

Nas chamadas culturas cristãs surgiu uma nova definição da responsabilidade. Não consiste apenas em obedecer às leis da Igreja ou do Estado, mas em agir segundo a própria consciência. Há disjunção entre legalidade e legitimidade, que nem sempre ocorre, mas se dá em situações de exceção. Assim, o "espiritual" não se identifica necessariamente com o "eclesiástico", da mesma forma que agir de acordo com a consciência nem sempre é agir legalmente. Por exemplo, o teólogo Tomás de Aquino perguntou: em caso de necessidade, para salvar o filho que está morrendo de fome é permitido roubar? E ele responde que sim, porque "em caso de necessidade, todas as coisas são comuns" (*Suma teológica*, II-II, q.66, a.7). Nessa situação, não existe propriedade privada.

Para concluir, podemos dizer que a modernidade nascida no Ocidente se define assim: dessacralização do mundo, desierarquização dos poderes, liberdade de consciência do sujeito. Mas então se coloca a questão: quando Freud explica racionalmente a crença religiosa por um retorno do infantil e por um apelo a uma proteção paterna diante da dureza da vida, de que religião se trata? O ateísmo da psicanálise é a própria nomeação da "morte" do divino todo-poderoso das religiões pré-cristãs, morte instaurada pelo desenvolvimento histórico do judeu-cristianismo. No tocante à paternidade divina, há convergência entre psicanálise e revelação cristã.

Atualidade do luto

Para Freud, a ética da psicanálise consiste em parar de ter saudades do pai protetor e, desse modo, deixar de depender dele. Isso pressupõe fazer o luto da imagem infantil da autoridade.

Acontece, porém, que a modernidade instaurou no Ocidente, e depois no mundo, o declínio de uma imagem grandiosa e digna de um mestre forte, e isso em três setores: na política, na família e na religião. Daí a pergunta: esse declínio deve ser assumido ou recusado?

É uma pergunta inevitável que se coloca, muito particularmente, para a juventude atual. Muitos jovens, entre 11 e 25 anos, vivem numa situação de perturbação, de incerteza sobre o futuro e, sobretudo, de ausência de referências estáveis em que se apoiar. As palavras das autoridades são consideradas pouco críveis: é um sim-sim, um sim-não ou um não-sim. Em que acreditar? É por isso que o caráter insuportável desse sentimento de *Hilflosigkeit* leva os jovens a três soluções: ao suicídio, que aumenta ano após ano, à droga e, sobretudo, à violência. Esta última escolha é uma forma de mostrar que, junto com outros, é possível responder à violência sofrida injustamente por meio de outra violência justificada.

De fato, essa violência tem um significado: é um apelo a uma autoridade forte, estável e crível. É o pedido por uma imagem de homem que fale curto e grosso, com uma voz decidida e imperativa, acompanhada do gesto firme de um braço que se ergue e depois desce de um só golpe. Mas esse pedido é um retorno à ética tradicional do poder soberano do mestre ao qual é possível se identificar: fidelidade às raízes, narcisismo coletivo da raça, eliminação sacrificial dos estrangeiros, fronteira clara entre amigos e inimigos do povo, inclusão do semelhante por exclusão do diferente. Caso contrário, não há identidade cidadã.

Por isso mesmo é que o século XX, que presenciou o triunfo da modernidade, foi o século que, em reação a ela, conheceu a maior quantidade de ditaduras na Europa, na América Latina, na África e no Oriente Médio. O mesmo ocorreu quando, ao político, juntou-se o religioso de comunidades ditas sectárias com manipulação dos jovens segundo três fatores: um líder insubstituível, uma fraternidade muito estreita e uma celebração festiva no canto e na música.

A verdadeira resposta à violência da juventude é transmitir a ela a capacidade de assumir o declínio da imagem tradicional do pai enquanto mestre, imagem infantil segundo Freud, imagem pagã segundo o cristianismo. Embora haja concordância entre psicanálise e judeu-cristianismo sobre a necessidade desse luto, há, em contrapartida, uma diferença quanto ao modo de realizá-lo, o que foi expresso, depois de Freud, por duas posições. Na linha de Carl Gustav Jung, a modernidade é um recalcamento, e a psicanálise, um feliz retorno do passado religioso; com Jacques Lacan, ao contrário, a modernidade é um progresso das Luzes que a psicanálise pode fazer vingar à sua maneira – mas diferenciando-se de que modo da religião? Veremos a seguir.

III. Jung e o religioso

A diferença entre Carl Gustav Jung e Sigmund Freud é exatamente a mesma que divide os religiosos dos tempos atuais a respeito da modernidade. Para alguns, assim como para Jung, a modernidade é tida como a causa de um grave declínio e provoca, com razão, uma nostalgia do passado; assim, um retorno do originário seria nossa única salvação.

Para outros, assim como para Freud, a modernidade é um progresso inquestionável; portanto, longe de sentir saudades do passado, o caminho está em ir atrás do sucesso da modernidade inventando o tempo todo, a partir dela, novas respostas para as questões cruciais de nossa época.

Por isso é que, se Jung se separou de Freud a partir de 1913, não foi somente devido ao lugar que Freud concede à sexualidade. Sua oposição concerne, sobretudo, à função religiosa no psiquismo, função que Jung considera positiva se soubermos definir melhor o religioso. De fato, para Jung é preciso reconhecer o lugar do sagrado, lugar contestado pela modernidade e também pelo judeu-cristanismo das Igrejas instituídas. Em seu livro *Psicologia e religião*, Jung escreveu:

> A religião é o fato de levar em consideração, com consciência e atenção, o que Rudolf Otto chamou, de modo muito feliz, *numinosum*, isto é, uma existência ou um efeito dinâmico que não encontra sua causa num ato arbitrário da vontade. Ao contrário, o efeito pega e domina o sujeito humano, que sempre é muito mais sua vítima que seu criador. O *numinosum* – seja sua causa qual for – é um condicionamento do sujeito que é independente de sua vontade.[1]

A experiência religiosa primordial é a influência de um sagrado imediato: experiência crucial que nada tem a ver com as ideias delirantes de que fala a psiquiatria. Há nisso uma vivência fundadora que escapa ao discurso racional de ordem médica ou teológica e que só aqueles ou aquelas que experimentaram neles mesmos uma força desconhecida e irracional podem aceitar. É uma dimensão intrínseca de nosso psiquismo, isto é, da alma humana desde sempre, na medida em que ela experimenta uma numinosidade sagrada, ou seja, uma emoção perturbadora, por exemplo, por ocasião dos seguintes acontecimentos: nascimento, puberdade, casamento, traição do outro, beleza, doença, morte de um ente querido.

Jung deu testemunho disso em seus livros, mas, principalmente, em sua correspondência, na qual fala de si mesmo. Por isso, a publicação desta por Michel Cazenave com o título *Le divin dans l'homme*[2] [O divino no homem] é fundamental para entender a posição de Jung sobre o religioso.

Universalidade

A experiência do sagrado é universal, na medida em que é um saber do numinoso de ordem psíquica. Com efeito, o primitivo está presente em todo ser humano, e desde sempre. Ao contrário, a chamada "fé" concerne a fatos exteriores à nossa alma, transmitidos por determinada religião particular com seus discursos teológicos, seus dogmas e, sobretudo, seus rituais. Ora, essas diversas religiões, que impõem aquilo em que se deve crer, recalcaram o religioso em geral, comum a toda a humanidade. Segundo Jung, essa é uma deficiência da qual a psicologia analítica pode nos curar reencontrando em nós forças que foram qualificadas ou como divinas, ou como demoníacas.

Hoje, o discurso das religiões instituídas não leva em conta os problemas e sofrimentos vividos em nosso psiquismo. Ora, estes decorrem de uma concepção comum e global de nossa existência que a mitologia exprime bem melhor vinculando-nos a nosso inconsciente. Mas este é coletivo e não individual, como dizia Freud. Existe apenas um inconsciente coletivo que informou, a seu modo, cada povo e cada cultura, antes que esse inconsciente fosse transformado por uma influência externa, vinda de determinada religião ou de determinado poder racionalista das Luzes.

A experiência arcaica (*Urerfahrung*), universal, é da ordem do sagrado. Isso se constata no fato de determinada pessoa nos emocionar: sua beleza, seu estilo, seu olhar etc. Ao contrário, as diversas religiões lutam sem parar entre si, cada uma se pretendendo detentora de toda a verdade. Com efeito, o divino diz por toda parte a mesma coisa, ainda que em diferentes línguas: Javé, Trindade, Alá, Buda, Tao, que são puras representações culturais e históricas de uma mesma verdade imanente à nossa alma.

Hoje, porém, a fragilidade do discurso religioso diante das catástrofes do século XX dá lugar a um retorno de uma simbólica arcaica de ordem universal, na qual o divino adotou vários nomes: Zeus, na Grécia; Wotan, na Alemanha; Javé, em Israel; *Summum Bonum*, entre os teólogos do cristianismo. O que Jung queria não era fundar uma nova religião, como o acusaram de fazer, o que ele queria era fazer ciência, ou seja, recolher um saber do sagrado a partir da própria experiência dos pacientes e não a partir das religiões intolerantes, como são o cristianismo e o islamismo, que só se preocupam com propaganda. Assim, o que Jung faz é psicologia e não teologia. Chama de *Self* um arquétipo do divino no homem, uma força pulsional em nosso inconsciente criada desde a origem por Deus em todo homem. Essas forças foram chamadas de deuses, ou demônios, ou delírios, mas pouco importa sua denominação. O fato é que essas forças estão sempre presentes. A única coisa que muda é a representação delas, que difere conforme as identidades étnicas. Assim, para Jung, o deus ariano Wotan foi substituído pelo nacional-socialismo, como bem mostrou Richard Noll.[3] O psiquismo ariano tem um potencial criativo bem superior ao psiquismo judeu. Jung dirá isso em 1934, pouco depois da chegada de Hitler ao poder, em seu artigo "A situação atual da psicoterapia", publicado sem censura em francês mais de 60 anos depois nos *Cahiers Jungiens de Psychanalyse.*[4]

Interioridade

Por isso é que Jung opõe a interioridade psíquica à exterioridade social, distinguindo o que vem de baixo e o que vem de cima. O clerical e o confessional se impõem pela autoridade em nome de um discurso dogmático que dizem vir historicamente de Deus ele mesmo, o Altíssimo. Ao contrário, a psicologia baseia-se numa experiência imediata da potência do *numen*, ignorada pelos teólogos. Essa experiência é primeira e é ela que pode, em seguida, gerar uma fé pessoal, ao inverso da teologia para a qual, para saber, primeiro é preciso crer, como se Deus não pudesse se manifestar por outras vias senão pela chamada Revelação cristã.

A verdadeira questão é abrir-se para a obscuridade de nossa própria alma e largar todo o resto a fim de operar uma individuação do que existe em nós, doente ou não, bom ou mau, ali mesmo onde se encontra a imagem de Deus. Mas essa imagem não nos diz absolutamente nada sobre o que é Deus em Si mesmo. A imagem psíquica do divino no nosso inconsciente mantém incognoscível o Ser divino denominado de cima pelas Igrejas. Ninguém pode conhecer Deus.

A união dos contrários

A experiência religiosa vivenciada exprime-se por meio de símbolos que extrapolam o entendimento. A simbólica em nós dá um novo sentido aos signos, segundo imagens primordiais, ou seja, o que Jung chama de *arquétipos*. Assim, Deus é em nós uma *imago* psíquica arquetípica e, portanto, inconsciente, que exerce uma ação poderosa na alma. Esses arquétipos estão presentes nos mitos. O divino fala a linguagem da mitologia, atividade psíquica que é absolutamente necessário recolher. O arquétipo provoca uma fascinação; é um *numen*. De fato, ele une a energia instintiva da libido ao seu símbolo espiritual: não há um sem o outro.

Ora, esses arquétipos que transcendem nossa consciência unem no inconsciente coletivo de cada alma dois polos: o *animus* e a *anima*, o masculino consciente e o feminino inconsciente.

A psicologia analítica é o acolhimento dessa estranheza em nós, tendo em vista uma *conjonctio oppositorum*, conjunção que Jung denomina *Self*, ou seja, uma totalidade. Mas a grande novidade de Jung foi ter posto essa união dos contrários em Deus Criador: luz e treva, divino e demoníaco, amor e raiva, benfazejo e malfazejo. Assim, Deus tem duas faces, a de Cristo e a do diabo, como duas mãos divinas, a direita e a esquerda. Assim é a plenitude todo-poderosa e paradoxal. Com efeito, o bem só tem sentido na sua confrontação com o mal, tal como a luz que brilha nas trevas. O símbolo une os pontos de vista contrários. É o que o psíquico analítico acolhe.

Ao contrário, a teologia dogmática e racional que fala de cima não pode entender o em baixo. Há conflito. Para ela, Deus é apenas *Summum Bonum* e o mal, uma *privatio boni*. Portanto, ela não nos permite escutar a palavra de quem sofre e ajudá-lo a viver; para a teologia, ele é necessariamente vítima ou culpado em seu Eu consciente. Não existe *Self*.

Por isso é que o grande livro de Jung contra a predicação eclesiástica é sua *Resposta a Jó*, publicado em alemão em 1952, e em francês em 2001, pela editora Buchet-Castel: livro fundamental em que Jung exprime sua própria emotividade diante do sagrado com a ajuda da leitura do livro de Jó na Bíblia.*

Jung fica impactado e transtornado; debate-se com todas as forças e supera seu desespero expondo ao público a resposta que dá a Jó, esse homem tão infeliz.

Amoralidade de Javé

Jó é um homem justo. Ora, Javé concorda com Satã em fazer a seguinte aposta: se Jó é justo é por causa das recompensas que espera receber de Javé em troca de sua

---

* *Obras completas de Carl Gustav Jung*, Petrópolis, Vozes, vol.IX/4, 1986. (N.T.)

própria justiça. Se Javé as retirar, Satã aposta que Jó o amaldiçoará. Eis que Javé aceita essa aposta. Assim, Jó perde seus empregados, seus rebanhos, seus filhos e até a própria saúde.

É verdade que Jó protesta e pede explicações a Javé: por que esses sofrimentos não justificados por algum erro cometido? Por quê? Há nisso uma injustiça divina, uma imoralidade. É verdade que os amigos de Jó tentam convencê-lo de que ele deve ter cometido faltas e que suas desgraças são justificadas. Mas não! Não há nem castigo de Jó nem maldição contra Javé. Jung reconhece nisso a numinosidade do sagrado divino: pura Potência além de toda justiça, além de toda recompensa pelo bem e de toda punição pelo mal. Esse mais além une o bem e o mal do homem. Jogo maléfico, sem piedade e sem ódio. As antinomias divinas invadiram Jó.

A melhor prova será dada por Jesus morrendo na cruz, abandonado por Deus. Não há resposta racional para o "Meu Deus, meu Deus, por que me abandonaste?". O poder divino permanece irracional, misterioso, sagrado, no universo paradoxal das antinomias. A adesão ao divino na alma humana não se justifica por um interesse qualquer, um bem-estar a ser obtido ou uma desgraça a ser evitada. Jung reconhece nisso um universal. Por isso é que ele dá razão a Cristo que, segundo o evangelho de são Mateus (6, 13), sugere aos homens pedir na prece do *Pai-Nosso*: "Não nos deixes cair em tentação, mas livra-nos do mal."[5] É preciso pedi-lo a Deus, senão Ele poderia nos submeter à mesma provação pela qual

Jó passou. Deus é capaz disso em sua liberdade todo-poderosa, injusta e imoral.

Ora, o que a psicologia analítica diz, segundo Jung, é que "como Deus quer se tornar homem, a resolução de suas antinomias deve se dar no homem".[6] É essa a condição humana no século XX com a intervenção da bomba atômica: situação insuportável se o homem atual não reconhecer em seu psiquismo a existência objetiva do inconsciente e de suas antinomias. Se, num clarão, Hiroshima foi destruída, não será a humanidade capaz de destruir toda vida? O sofrimento de Jó não cessa e a responsabilidade humana consiste em superar as antinomias psíquicas pela individuação da conjunção dos contrários. Se não o fizer, será a catástrofe.

Assim, Jung convoca a humanidade para uma nova experiência do divino devolvendo vigor, contra a modernidade, às nossas raízes primitivas, ali onde as trevas tornam possível sabermos o que é a luz. É justamente nesse ponto que a interpretação que hoje se faz da invenção de Jung está sujeita a contestação. Para alguns, Jung é um guru que quis promover uma nova religião contra as religiões instituídas, consideradas ineficazes. Nesse sentido, Jung escreveu a Freud, em 11 de fevereiro de 1910:

> Só se pode substituir religião por religião ... Acho que ainda é preciso dar tempo à psicanálise, infiltrar os povos a partir de vários centros, reavivar no intelectual o senso do simbólico e do mítico, retransformar suavemente Cristo no deus adivinho da vinha que ele foi e assim canalizar

> as antigas forças pulsionais extáticas do cristianismo, tudo isso com o único propósito de fazer do culto e do mito santo o que eles eram: uma festa de alegria inebriante, em que o homem tem o direito de ser animal no *ethos* e na santidade. Era precisamente esta a grande beleza e a função da religião antiga ... Que infinidade de delícias e de volúpia existe em nossa religião, pronta para ser reconduzida à sua verdadeira destinação.[7]

Para outros, ao contrário, o que Jung quis não foi instaurar uma crença religiosa, mas fazer ciência sobre o divino em nós. Quando nomeia Deus como arquétipo, nada diz sobre o que é Deus em Si mesmo, mas reconhece o divino presente em nosso psiquismo. Deus não é nem inventado como objeto de fé nem recusado, é reconhecido posteriormente como uma parte inconsciente, preexistente à nossa consciência. Por isso é que Jung escreveu: "As pessoas por vezes me chamam de líder religioso. Não o sou. Não tenho mensagem, não tenho missão; tento apenas entender."[8] Jung fala como alguém que ama a sabedoria, como um filósofo dirigindo-se ao homem moderno, que adoeceu pelo esquecimento de seu passado. Por exemplo, essa sabedoria é hoje em dia transmitida nas comunidades *new age*, em que o holismo é promovido como condição de bem-estar.

IV. Atualidade de Jung

O junguismo prossegue hoje com as mesmas críticas à modernidade. Por exemplo, o teólogo alemão e psicoterapeuta Eugen Drewermann contesta o discurso eclesiástico que não consegue ouvir as profundezas de nossa alma. Na França, também, Tobie Nathan questiona a prática freudiana atual que não leva em conta as raízes étnicas de nosso inconsciente.

Contra o eclesiástico

O que mais incomoda Drewermann é a profunda inadequação entre os problemas reais do homem atual e a palavra da Igreja que pretende responder a eles. Portanto, já é tempo de encontrar outro caminho para superar esse hiato e sair do gueto eclesiástico. Há um trágico da existência: a desgraça da "incapacidade do homem de fazer o bem."[1] Ora, a Igreja não reconhece "o direito ao trágico".[2] O discurso pastoral apenas repete que o cristão é um homem salvo e que, portanto, não há nada de trágico, pois a graça de Deus jamais nos é recusada. Ela é sempre concedida para fazer o bem ditado pela Igreja. Basta consentir: "A religião", diz Drewermann, "faz de conta que estamos todos salvos, no atacado e no varejo. Ela já não se preocupa com o sofrimento."[3] Com efeito, o discurso teológico mantém a impotência. Não permite que o homem supere sua angústia, aquela que o afeta pelo fato mesmo de existir em sua contingência.

De onde vem, no entanto, a ineficácia desse discurso? Por que os pastores não conseguem ouvir a angústia alheia e seu sofrimento? Por que falam como "funcionários de Deus"?

A resposta é simples. A insuficiência do discurso eclesiástico provém da exegese moderna. Por seu método histórico-crítico, exige que esqueçamos nossas próprias questões e que leiamos apenas as que o próprio texto bíblico coloca. Com efeito, a exegese procura ressituar o texto em seu lugar e em sua época para nos dizer como a verdade da palavra de Deus se revelou historicamente.

Contudo, esse método de objetivação e de mudança de cenário apenas entedia o espírito e seca o coração. É o método do discurso universitário próprio de nossa civilização científica. E Drewermann responde: os relatos bíblicos devem ser "entendidos mais poética que historicamente".[4] Para além do saber referencial, há um saber que deve ser acolhido. Trata-se de arrancar a verdade de sua origem supostamente única (tal pessoa, tal povo) para torná-la presente na nossa própria vida, uma vez que ela se dirige a todo homem e a toda mulher. Com efeito, o texto bíblico pode responder às nossas perguntas se entendermos que ele mantém com a história a mesma relação que a obra de arte: em todos os lugares e para todos.

O originário pré-judaico

Mas, por que isso é possível? Para responder a essa pergunta Drewermann recorre à psicologia das profundezas, tal como Jung a desenvolveu. Existem no psiquismo humano arquétipos (*Urbilder*), imagens primordiais, esquemas de ordem coletiva e supraindividual, que devem ser situados aquém da distinção psiquismo-cósmico. Esses arquétipos, que estão na base de toda cultura, se atualizam nos mitos religiosos, nas sagas e nas lendas. Neles, arte e religião estão indissoluvelmente unidas. Bem melhor que pela filosofia ou pela ciência, é pela sensibilidade artística às imagens que podemos apreender o irredutível desses arquétipos.

Além disso, porém, esses arquétipos constituem um inconsciente coletivo, transmitido de geração em geração e que se revela hoje em claro-escuro nos sonhos de cada um. São universais e comuns a toda a humanidade; nós os encontramos nas narrativas religiosas de cada povo. Com efeito, eles vêm de Deus ele mesmo, criador do universo: "Esse nível religioso está presente em cada homem e gera uma língua universal por meio da qual todas as religiões se entendem."[5] E Drewermann cita santo Agostinho: "A própria realidade que hoje chamamos de religião cristã já existia também entre os antigos. Ela nunca faltou desde o começo da humanidade até Cristo vir em carne" (*Retractationes*, I, XII, III).[6] Em todos os lugares onde a Igreja avança, Deus a precedeu por uma revelação primordial e universal. Assim precedida, ela não traz a verdade, apenas a acolhe, dando-lhe seu nome.

Por exemplo, a teologia da filiação divina encontra-se na religião egípcia. O deus Amon fecunda a rainha virgem Ahmose, e será assim que ele terá uma filha. E Drewermann conclui:

> O conceito central da fé cristã é devedor da grande religião três vezes milenar das margens do Nilo e representa – ao lado da doutrina conjunta da imortalidade da religião de Osíris – o mais grandioso presente espiritual que o Egito antigo legou ao cristianismo.[7]

Esses arquétipos estão na base de símbolos naturais, isto é, de uma relação unívoca e imutável entre um significante e um significado; por exemplo, a Terra é Mãe: ela tem um significado matricial. Assim, os símbolos naturais repousam sobre um simbolismo da relação entre dois princípios: um masculino, outro, feminino, tendo cada um o que o outro não tem, de modo que eles se completam para formar um. As religiões da fecundidade e da natureza inscrevem essa relação sexual sacralizando-a em mitos biocósmicos e ritos coletivos.

Foi com esse tipo de sacralização, no entanto, que o judaísmo rompeu. Mas, diz Drewermann, "a polêmica de todo o Antigo Testamento contra as religiões míticas nos custou caro".[8] Com efeito, o Antigo Testamento, "por medo das religiões da fertilidade, recusa-se a atribuir à sexualidade um caráter sacramental divino".[9] O cristianismo, ao instaurar essa negação do mito, só pôde "ver nele um obstáculo à fé. Assim foi que passamos dois milênios com medo de nós mesmos",[10] "recorrendo quase exclusivamente à razão".[11] O cristianismo só conseguirá responder ao apelo do homem moderno se recuperar finalmente "o que o judaísmo excluiu",[12] ou seja, a sacralização da sexualidade por uma "volta aos mitos antigos",[13] segundo os arquétipos presentes nas profundezas de nosso psiquismo. Com a ajuda da psicanálise junguiana, o cristianismo terá uma nova chance; deve-se, diz Drewermann, reconhecer que "certas ideias centrais do cristianismo não brotaram primeiro no solo do Antigo Testamento, mas bem mais no da história das religiões",[14] em particular das religiões grega e egípcia.

Ora, isso é exatamente a retomada do grande projeto de Jung, tal como ele o expressou um dia a Freud: "Uma ordem ética com sua nulidade mítica, que não é habitada por nenhuma força pulsional arcaica e infantil, é um puro vazio."[15] Por isso, Drewermann está interessado em devolver força e vida à religião, e seu sucesso vem da estigmatização que faz da modernidade europeia e da cumplicidade eclesiástica com esta. Quando, de fato, a linguagem fica reduzida a um instrumento de comunicação, a relação amorosa a uma higiene sexual, o tecido social a um anonimato urbano e burocrático, a lei moral a um ato de vontade isento de todo afeto, o que pode trazer de novo uma religião que sucumbiu a essa modernidade?

Quando não se está resignado e ainda se tem a vida pela frente, é muito tentador deixar-se levar por um profeta que desperte em nós a nostalgia de uma época intacta, que ainda não tinha sofrido o tríplice "malfeito": do judaísmo, que dessacralizou o mundo; da teofilosofia, que, exaltando o conceito, fez da imagem uma pura ferramenta pedagógica ou publicitária; e, finalmente, da ciência, que, por seus efeitos tecnológicos, nos submeteu à lei férrea da mais-valia em detrimento da criação artística, enlatada em museus para frequentadores domingueiros.

Drewermann encontrou em Jung um aliado que dizia querer recuperar "os instintos profundos da raça".[16] Freud, o "horroroso" cientista, não está desse lado. A postura analítica não é um retorno à particularidade do sangue e da terra. Muito pelo contrário, ela supõe levar em conta as exigências de nossa modernidade. Com efeito, o inconsciente não é o arquétipo atribuído a uma alma coletiva, nem o irracional atribuído ao infantil, nem o pré-lógico atribuído ao primitivo (Lévi-Strauss contestou esse último preconceito). O inconsciente é um saber a que um sujeito pode ter acesso. Que sujeito? O mesmo da ciência, aquele que nasceu com o *cogito* cartesiano e que, mais além dos saberes estabelecidos e das opiniões consagradas, se gera no próprio movimento de conquista de um novo saber, para avançar com certeza nessa vida.

Querer enraizar o sujeito aquém disso, de boa ou de má-fé, conduz à errância.

Contra a modernidade

O junguismo se perpetua nos dias atuais com a etnoanálise. Nesta encontramos a mesma crítica contra Freud e os freudianos. Freud dizia ter inventado a psicanálise como ciência, ou seja, uma teoria nova, feita de leis de valor universal. Mas isso, na verdade, não seria possível; essa novidade só pode dizer respeito à cultura moderna das sociedades ocidentais. Com efeito, o método analítico desenvolvido por Freud não cabe nas outras culturas, uma diferente da outra conforme sua etnia.

Jung falava de inconsciente coletivo de ordem universal. A etnoanálise retoma a noção de inconsciente coletivo, com a condição de não confundir coletivo com universal; o coletivo é próprio de cada cultura. A prática terapêutica depende do contexto étnico do sujeito que sofre. Não existe sujeito humano independente da sociedade familiar, política e religiosa em que ele nasceu e viveu. Uma imigração para a Europa não encontra nenhuma eficácia numa psicanálise conforme ao freudismo. Por isso é que a etnoanálise se impõe; ela não desqualifica nenhuma terapêutica, porque respeita a diversidade das tradições de cada cultura. Assim, nenhum dispositivo técnico preexiste ao encontro efetivo de determinado paciente com um terapeuta. Tudo depende do inconsciente coletivo do sujeito.

Em outras palavras, a posição de Freud em relação à religião só seria sustentável no contexto cultural de uma religião particular: o judeu-cristianismo. Mas, nas etnias não ocidentais, o religioso é totalmente diferente; ele concerne a ações externas ao psiquismo humano, ações provenientes de forças invisíveis benevolentes ou malevolentes, gênios bons ou maus, "espíritos" que agem por intermédio de um curandeiro ou de um feiticeiro. A terapia não pode deixar de levar isso em conta se quiser curar. Falar de ateísmo científico é falar de causas patológicas puramente neutras, sem intenção voluntária de bem ou de mal. Ao contrário, a etnoanálise se insere no contexto cultural em que o religioso está ativo para e sobre o paciente. Ela não consiste em negar sua existência, mas em dela se servir.

Isso explica as posições de Georges Devereux e, sobretudo, de Tobie Nathan na crítica que fazem aos freudianos tendo em vista um diferencialismo metodológico em que se insere o que Tobie Nathan chama de "psicanálise pagã". O importante, contudo, é entender as consequências práticas disso. Pelo fato de existirem forças invisíveis que influenciam e seduzem o sujeito, a única maneira de responder a elas é também exercer uma força que influencie e seduza o sujeito a fim de que ele se cure. Ser eficaz é assumir essa relação de forças, com a transferência individual e com a imagem pública do curador.

Por isso é que se pode dizer que a etnoanálise tem uma função religiosa ao criar um laço social em que o terapeuta ocupa um lugar de mestre forte e poderoso para o paciente que foi vítima de forças malignas. A etnoanálise é culturalmente uma figura atual do retorno do religioso. É um religioso tradicional que, no Ocidente, sucumbiu no confronto com a modernidade e com a linguagem científica, ao passo que o judeu-cristianismo, ao contrário, suscitou e provocou esse confronto. Ora, o religioso primitivo ainda vivo, fora do Ocidente, se integrou à metodologia terapêutica da etnoanálise, permitindo assim que se desenvolvesse.

V. Lacan e a morte de Deus

Jacques Lacan falou da relação entre psicanálise e religião partindo dos dois textos de Freud sobre a gênese da religião: *Totem e tabu* e *Moisés e o monoteísmo: três ensaios*, um de 1913; outro de 1939. São dois textos em que Deus é apresentado como o retorno do Pai, não por causa da *Hilflosigkeit*, mas devido ao complexo de Édipo, ou seja, da sexualidade infantil. Por isso esses textos concernem à transmissão para a humanidade da lei edipiana da proibição do incesto.

Totem e tabu, dirá Freud em "Psicologia de grupo" (cap. XII), é um "mito científico". Não se trata de uma expressão contraditória; de fato, é a partir do relato mítico das origens da lei que se pode extrair um saber científico sobre a proibição do incesto. E Lacan acrescentará: "O importante de *Totem e tabu* é ser um mito e, como se disse, talvez o único mito do qual a época moderna tenha sido capaz. E foi Freud quem o inventou."[1]

Os quatro episódios

Como todo mito, *Totem e tabu* é uma sequência de acontecimentos fundadores:

1. Primeiro, um pai onipotente e tirânico possui não uma, mas todas as mulheres. É o *Urvater*, o pai originário, o fundador.

2. Os filhos se unem, compõem uma comunidade em torno do ódio "edipiano" contra o pai. A consequência dessa união fraterna é o ato de assassinato do grande homem.

3. Mas a invenção freudiana concerne ao que vem a seguir: cheios de remorsos, os filhos amam o pai morto e internalizam sua palavra de proibição das mulheres. A perda da imagem corporal do pai libera a transmissão de sua palavra, ou seja, da lei.

4. E ocorre então o retorno do Pai na religião de amor pelo divino, como substituto do *Urvater*. Esse retorno se dá em quatro etapas:

- o Totem: o animal que é incorporado por canibalismo;
- os heróis e os deuses com forma humana;
- o monoteísmo do deus Aton, graças ao faraó Akenaton;
- por fim, o Deus de Moisés que, "senhor e pai" do povo hebreu, é fundador do judaísmo.

Freud nota que, por meio dessas etapas, há um "progresso em espiritualidade" contra "a sensorialidade do visível", com o monoteísmo mosaico e, mais ainda, um retorno do recalcado, não da imagem do grande homem dominador, mas do pai morto com transmissão bem-sucedida de sua palavra da proibição do incesto.

Segundo o mito freudiano, é a partir da morte do Pai que há um retorno ao religioso. Graças à morte, há passagem da imagem para o nome. É com o monoteísmo mosaico sem imagem divina que há um retorno bem-sucedido do Pai morto. Por isso, Lacan diz: "Somente o cristianismo fornece o pleno conteúdo, representado pelo drama da Paixão, à naturalidade dessa verdade que chamamos a morte de Deus."[2]

Os filhos passam do ódio ao pai ao amor pelo pai quando deixa de haver imagem imponente, restando apenas um nome: Nome-do-Pai. A paternidade não é a do grande homem legislador e senhor das mulheres, mas a do representante da lei; é aí que há transmissão para a geração seguinte. Por isso é que Lacan, falando do mito edipiano, dizia:

> Não basta agitar o fantoche da rivalidade sexual (entre pai e filho). Mais conviria ler nele o que, em suas coordenadas, Freud impõe à nossa reflexão. Pois elas retornam à pergunta de onde ele mesmo partiu: o que é um Pai? – é o Pai morto, responde Freud.[3]

E Lacan retoma isso sob a rubrica de Nome-do-Pai, para deixar claro que não se trata do homem que chama a si mesmo "pai", mas do nome do lugar que ele recebe da mãe enquanto mulher. Assim Lacan conclui:

> O mito do assassinato do Pai é justamente o mito de um tempo para o qual Deus está morto. Mas, se Deus está morto para nós, é porque está morto desde sempre, e é exatamente isso o que nos diz Freud. Ele nunca foi o pai a não ser na mitologia dos filhos, ou seja, na do mandamento que ordena amar o pai.[4]

Foi a partir daí que Lacan pôde afirmar um ateísmo do próprio cristianismo contra o paganismo, pela revelação final do Vazio criador, isto é, de uma criação a partir de um Nada de imaginável. Os significantes são criados *ex nihilo*, criados sem fim. Diz Lacan: "Há uma mensagem ateia do próprio cristianismo. Por meio do cristianismo, diz Hegel, é que se completa a destruição dos deuses."[5]

Um Vazio criador

Porque Deus está morto, a lei da proibição do incesto é a um só tempo gerada e transmitida. Mas, ao falar dos traços obsessivos do comportamento e do ritual religiosos, Freud mostrou que a religião consiste, antes, em "evitar o vazio". Essa fórmula não satisfaz Lacan, que acrescenta: "Uma palavra como respeitar o vazio talvez tenha mais alcance."[6] Com efeito, Lacan vai insistir nesse respeito ao tratar da narrativa bíblica do livro do Êxodo (3, 13-14): "Moisés disse a Deus: 'Eis que eu me apresentarei aos filhos de Israel e lhes direi: – O Deus de vossos pais enviou-me a vós. – Mas se me perguntarem: – Como se chama? Que lhes responderei?' E Deus disse a Moisés: '*ehyeh asher ehyeh*'."

A tradução não é simples, é objeto de uma escolha de certo discurso sobre Deus.

Lacan cita essa passagem do Êxodo várias vezes em seus seminários.[7] E traduz assim: "Sou (serei) o que sou (serei)", ou seja, ele não tem nome pronunciável.

É o vazio. Deus não chama a Si próprio com um nome próprio. Só pode ser chamado de Nome do Pai por outros que não Ele: por seu Filho Jesus e, em seguida, por seus filhos e filhas que a Ele se dirigem assim: "Nosso Pai, que estás no céu, santificado seja o teu nome."

Em contrapartida, muito cedo surgiu o discurso dos padres da Igreja e dos teólogos, que traduziram no sentido de uma metafísica: "Sou aquele que é" – não o vazio, mas a plenitude de ser, pronunciável por Deus. Com santo Agostinho, primeiro, "aquele que é" é o Ente supremo, o Eterno imutável, que é a única causa dos entes criados e, portanto, sempre cambiantes e submetidos ao temporal. São Tomás vai ainda mais longe nessa ontologia: o Ser divino é o *esse* no infinitivo, o puro ato de ser; o ser é sua própria essência: *Ipsum esse subsistens*. Ora, sendo o único Ser, a essência de tudo o que existe depende d'Ele. Portanto, ele é causa de todo ente do universo: *Ens diffusivum sui*, puro dom de ser a todo existente. Assim é a ontologia do amor na teologia eclesiástica.

Por isso Étienne Gilson, que escreveu a história da teologia eclesiástica em seu famoso livro *O espírito da filo-*

sofia medieval, diz: "Embora não haja metafísica no Êxodo, há uma metafísica do Êxodo e nós a vemos se constituir bem cedo com os padres da Igreja."[8]

Há, portanto, duas transmissões, duas interpretações. E não é sem motivo que Lacan escolheu uma e não outra. Veremos o porquê dessa escolha a partir da definição analítica da paternidade segundo Lacan.

Três denominações

Não é possível definir o ser-pai por uma única dimensão. Com efeito, a paternidade supõe três abordagens complementares, três dimensões que se chamam simbólico, imaginário e real.

1. Em primeiro lugar, no simbólico, ou seja, no espaço dos significantes, a paternidade é um Nome-do-Pai que designa um lugar. O pai não é aquele que se chama pai, mas aquele que pode ocupar um lugar que foi denominado. Denominado por quem? Somente pela mãe, que transmite ao filho ou à filha o lugar de seu desejo enquanto mulher, lugar em posição terceira entre ela e o filho.

Assim, a criança poderá sair da angústia e respirar; ela não é o todo do desejo da mãe. Mas nasceu do seu desejo conjugal de mulher. Portanto, a criança não é nem tudo nem nada, mas o efeito do desejo de uma mãe que primeiro era mulher e que ainda… e ainda… o é. Ora, Lacan leu isso na resposta de Deus a Moisés: "Sou o que sou", ou seja, não nomeio a mim mesmo, sou nomeado. Assim, a mulher judia chamada Maria será mãe ao dar a Deus o lugar de pai de seu filho Jesus.

2. A segunda dimensão da paternidade vem da demanda do filho ou da filha. É a dimensão do imaginário: ter um pai com uma imagem grande, forte e digna de ser admirada e amada.

Freud nos mostrou isso em *Totem e tabu* com o *Urvater*, o senhor do clã, dono de todas as mulheres, que ele proíbe aos filhos. Mais que isso, essa mitologia é uma mitologia de filho, cujo ciúme se converterá em amor por essa imagem de pai e em aceitação da proibição do incesto. Assim é que Freud funda o supereu: interiorização da voz do pai privador, voz da consciência moral: "Você deve... você não deve..." E isso não tem fim: sujeição, submissão, admiração. Não foi sem razão que Freud, antes de morrer, dedicou as últimas páginas de seu livro *Moisés e o monoteísmo* à descrição do que ele chama o "Grande Homem".[9]

Ora, essa distinção entre o simbólico e o imaginário da paternidade corresponde em Lacan à distinção entre as duas interpretações da denominação do Êxodo 3, 14: "*ehyeh asher ehyeh*". A interpretação metafísica dos teólogos funda o Pai ideal, o Pai todo-poderoso e a ontologia divina segundo a afirmação: "Sou aquele que é."

Essa via encontra sua fronteira com o trágico da existência humana no dia em que, no infortúnio, nasce a acusação dirigida ao Criador de nos ter feito tão frágeis, tão culpados, tão impotentes.

É quando a situação se inverte na história do filho ou da filha: "O infortúnio não é por culpa minha, é por culpa do pai! Impotente é ele; portanto, foi ele quem me decepcionou, traiu, desesperou!" Freud nos dá um exemplo disso em *A interpretação dos sonhos*. Relata que quando tinha dez ou 12 anos seu pai lhe contou o seguinte caso: "Certo dia, quando eu era jovem, no país em que você nasceu, fui dar um passeio num sábado pelas ruas; estava bem-vestido e usava um novo gorro de pele. Um cristão dirigiu-se a mim e, de um só golpe, atirou meu gorro na lama e gritou: 'Judeu! Saia da calçada!'" É quando Sigmund pergunta ao pai: "E o que você fez?" "Apanhei meu gorro", diz o pai; e Freud acrescenta: "Com resignação." É então que nos confessa sua profunda decepção: "Isso não me pareceu heroico por parte do homem grande e forte que me segurava pela mão."[10]

A juventude atual é um exemplo gritante disso: ausência de referências, incerteza sobre o futuro, depressão diante da incapacidade dos líderes políticos e religiosos.

3. Esse conflito entre o pai no simbólico e o pai no imaginário só pode encontrar solução mediante uma terceira dimensão: o pai no real. De fato, só por meio dele é possível fazer o luto do Pai ideal. Supõe-se que este possa fundar a lei do serviço de bens*: bens físicos,

* *Service des biens*, cf. J. Lacan, *O Seminário*, livro 7, *A ética da psicanálise*. Rio de Janeiro, Jorge Zahar, p.363. (N.T.)

psíquicos, sociais e religiosos. É essa a lei que o pai real relativiza transmitindo à geração seguinte uma lei totalmente diferente: a lei do desejo.

O pai no real é o homem que vem ocupar o lugar vazio, instaurado, designado e transmitido ao filho no simbólico pela mãe enquanto mulher desejante.

O pai é o homem que assume esse lugar na medida em que está voltado para uma mulher, em geral a mãe da criança, mas nem sempre. O desejo do pai real absolutamente não é o de se identificar à imagem de um pai todo-poderoso; muito pelo contrário, ele institui uma defasagem em relação a essa imagem, na medida em que seu desejo está voltado para uma determinada mulher com exclusão de qualquer outra. Em *A interpretação dos sonhos*, Freud contou o sonho de um pai que acaba de ver o filho morrer: "O filho estava ao lado de sua cama, tomou-lhe o braço e sussurrou num tom cheio de censura: 'Pai, não vês que estou queimando?'"[11] A interpretação analítica não pende para a culpa do pai por ele não ter conseguido perceber a tempo a doença do filho e curá-lo. Ao contrário, o que está em jogo nesse sonho é o encontro com o real da paternidade, real como o impossível de ser onividente, impossível de qualquer pai humano e não divino.

O pai no real é o homem que tem como desejo uma mulher; é em razão dessa conjugalidade que se transmitirá para a geração seguinte uma dupla possibilidade: primeiramente, de fazer o luto de um Pai ideal e, em seguida, a de ir abandonando paulatinamente mãe e pai para poder, um dia, fazer aliança com um ou uma cônjuge proveniente de outra origem familiar.

A importância da contribuição de Lacan foi mostrar a equivalência dessas três dimensões da paternidade; cada uma é relativa às duas outras e nenhuma prevalece sobre as outras. Lacan pega emprestado do discurso cristão o lugar do Nome-do-Pai no simbólico, mas o que a psicanálise traz de novo é o real do pai, ou seja, o lugar do sexual na lei do desejo.

Isso será retomado na afirmação de Lacan de que o cristianismo é "um drama que encarna literalmente a morte de Deus … Ele torna essa morte solidária … do único mandamento que doravante é: *Amarás o próximo como a ti mesmo* … Com isso é que devemos seguir avançando". E acrescentava: "Os dois termos, a morte de Deus e o amor ao próximo, são historicamente solidários."[12]

VI. O amor ao próximo

Ao falar do cristianismo, Lacan retoma do evangelho segundo são Mateus (22, 37-39) o enunciado dos dois mandamentos: o amor a Deus e o amor ao próximo como a si mesmo. E o interpreta assim: "O que nos é proposto pelo cristianismo é um drama que encarna literalmente essa morte de Deus."

E do amor a um deus morto ele conclui o seguinte: "O único mandamento é doravante *Amarás o próximo como a ti mesmo*."

E, com efeito, ele acrescenta: "Os dois termos, a morte de Deus e o amor ao próximo, são historicamente solidários."[1]

A partir disso é que se coloca a questão da interpretação a ser dada desse "único" mandamento.

Primeira interpretação

Tradicionalmente, amar alguém é "*velle bonum alicui*", é querer-lhe o bem. Mas que bem? Amar o próximo como a si mesmo é se identificar com ele; vejo o outro à minha imagem e meu Eu se vê no outro. Por isso é que o bem que quero para o outro não é qualquer bem, mas o mesmo que quero para mim.

Assim, amo o outro como amo a mim mesmo.

Ora, essa identificação realiza três laços sociais: em primeiro lugar, com os membros da família; depois, com os da nação; e, finalmente, com a humanidade toda. Isso concerne aos bens físicos, psicológicos e sociais. Funda-se assim o que Lacan denomina a ética do serviço de bens, segundo o princípio de moderação, medida e sabedoria: nem demais, nem de menos. Freud o denominava princípio de prazer/desprazer, ou seja, de evitação do desprazer causado pelo "demais" ou pelo "de menos" de prazer. São as chamadas leis da natureza.

Consequentemente, o "eu quero o teu bem" repousa sobre o "eu sei o que é bom para ti", porque "eu te amo como a mim mesmo". E em nome desse saber submeto o outro à minha vontade: "Deves me obedecer pelo teu bem." Isso pode funcionar por um tempo e, às vezes, até por muito tempo. Até o dia em que se revela o limite do amor, limite expresso por duas objeções: uma que vem de mim mesmo, outra que vem do próximo.

A primeira foi apresentada de forma brilhante por Freud no capítulo V de *O mal-estar na civilização*. Comentando o preceito "Amarás o próximo como a ti mesmo", Freud revela sua surpresa ante sua estranheza (*Befremden*): "Meu amor é coisa preciosa que não tenho o direito de desperdiçar." O próximo deveria merecê-lo, mas, muito frequentemente, não é esse o caso. Não só ele me é estranho, como, mais ainda, há nele uma agressividade e uma maldade que, na verdade, mereceriam meu ódio. Com amargura, Freud constata assim o fracasso da cultura nesse ponto.

A essa objeção soma-se, porém, outra que provém do próprio próximo que recusa meu amor: "Meu bem não é esse que queres para ti mesmo. Acreditas saber o que é bom para mim, mas sou diferente de ti; então para de me impor teu amor!" É uma objeção terrível no dia em que ela surge com raiva na vida de um casal, na vida profissional, na vida política entre duas nações, na vida religiosa, se o clérigo crê saber o que é bom para o leigo.

Ora, essas duas objeções se juntam por meio de uma mesma revelação: existe uma alteridade irredutível do tal próximo que torna impossível poder se identificar com ele.

Outra interpretação

Surge assim outra leitura do único mandamento religioso, a leitura feita por Lacan em seu seminário intitulado *A ética da psicanálise* (aulas XIV e XV). Trata-se de interpretar as palavras "próximo como a ti mesmo" para além de uma identificação entre a imagem do outro e o próprio Eu. Como? Amar o próximo é tornar-se próximo desse vazio, desse cerne em nós mesmos, dessa alteridade inquietante que é nosso próprio inconsciente. Em 1919, Freud escreveu um artigo intitulado *Das Unheimliche*, o estranho muito íntimo, a extimidade que é o recalcado inconsciente e que retorna com surpresa e sideração.

"Torna-te próximo dessa estranheza em ti mesmo", esse é o amor ao próximo como a si mesmo. De fato, o que a psicanálise ensina em oposição à paranoia é que cada um é responsável por seu inconsciente: *Wo es war, soll ich werden* [Ali onde isso era, devo vir a me tornar]. Assumir o próprio inconsciente para além do espelho bidimensional da imagem do Eu é reconhecer em si mesmo uma dimensão terceira que espanta, uma capacidade de bem ou de mal que recalcamos e que retorna hoje: não há recalcamento sem retorno deslocado do recalcado. Por isso, o que o sujeito odiou no outro por sua maldade, ele reconhece em si mesmo: "Sou plenamente capaz de fazer o que ele ou ela fez de horroroso e devastador!" Como dizia Lacan a respeito de Sade, o que está em jogo é tornar-se "suficientemente vizinho da própria maldade para nela reconhecer o próximo".[2]

O verdadeiro amor ao próximo é isto: uma subversão do sujeito que vai além do amor como suposto saber do bem do outro. O sujeito passa do amor ao desejo como desejo do Outro (genitivo subjetivo). Mas então surge a interrogação sobre o desejo do Outro: "Você me diz isso, mas o que você quer quando me diz isso?" Pergunta fundadora: "Pergunto-me o que você deseja quando me diz isso; eu não sei."

O que a psicanálise recolheu da experiência humana é que para esse porquê dirigido ao Outro não existe palavra que possa servir de resposta. Perdura o enigma;

a linguagem tropeça para dizer o desejo do Outro. De fato, *das Unbewusste* é *uma-equivocação**, onde fica o *Urverdrängt*, o recalcado originário, irredutível, sem retorno e inominável. É verdade que não faltam palavras para exprimir o amor: "Se te digo isso, é para o teu bem." Mas o desejo é totalmente diferente, coisa que o neurótico não percebe quando toma a demanda do Outro como expressão de um desejo.

Diante dessa incompletude do simbólico, diante desse impossível da linguagem, o que fazer? Como não se desesperar na angústia do não saber do desejo do Outro? Será o caso de se refugiar na fuga e na recusa de qualquer relação? Foi justamente para responder a essas perguntas que a psicanálise surgiu mediante uma ética que não é a do serviço de bens e sim a ética da lei do desejo.

Outra ética

Essa aproximação do desejo do Outro se dá em dois tempos. Primeiramente, por meio das preliminares instauradas pelo que Lacan chama de uma "arte de bem dizer", não de dizer o bem, mas uma arte da conversa em que a beleza do dizer permite colonizar e domesticar esse desconhecido que é o desejo do Outro. Com efeito, o lugar do

---

* No original, *une-bévue*, neologismo criado por Lacan em homofonia com *das Unbewusste*, o inconsciente. (N.T.)

enigma é muitas vezes vivido como sendo o do horror, ali onde sobrevêm, dizia Aristóteles, as paixões do temor e da piedade, paixões somente purificadas pela arte de bem falar delas, por exemplo, na tragédia. Assim, a beleza torna o indivíduo insensível ao horror. A sublimação é isso. Sociologicamente falando, o amor cortês dos trovadores foi a invenção dessa arte da abordagem que todo aquele ou toda aquela que deseja retomou a seu modo na vida privada, atrás das portas e cortinas fechadas.

Segundo a lei do desejo, contudo, essa arte é apenas um preâmbulo que permite passar a um segundo tempo: o do pulsional. Essa é a invenção freudiana. Com efeito, já que para a pergunta dirigida ao Outro sobre seu desejo não há resposta na fala, resta apenas uma solução: responder por conta própria. Como? Identificando-se com o objeto do gozo do outro como corpo, ou seja, na fantasia como suporte do desejo, o sujeito se torna objeto de um mais-de-gozar do corpo do outro (genitivo subjetivo). Em outras palavras, no lugar da falta na linguagem para dar resposta, o próprio sujeito preenche outra falta no corpo do outro: falta representada pelas quatro aberturas corporais que são a boca, o ânus, o olhar e o ouvido. Essas quatro falhas no outro abrem uma relação possível que o sujeito assume o risco de instaurar ele mesmo, segundo as quatro pulsões:

- se fazer beijar e absorver por sua boca;
- se fazer ejetar por seu ânus;
- se fazer ver por seu olhar;
- se fazer ouvir por seu ouvido.

Por isso é que só a passagem do amor para o desejo pode dar lugar ao erótico e ao dito gozo sexual, correndo o risco do consentimento do outro.

Essa é a consequência da nova interpretação dada ao preceito: "Ama o próximo como a ti mesmo", ou seja, torna-te próximo de ti desejante.

VII. Divergências e convergências

Vimos que a ética da psicanálise não é a do serviço de bens em nome do bem do outro identificado a si mesmo; é a da lei do desejo. Essa cisão determina exatamente, para Lacan, a relação que a psicanálise tem com a religião, qual seja, por um lado o que a psicanálise pode tomar do discurso espiritual e, por outro, aquilo do qual ela se separa por completo: inclusão e exclusão.

Nesse sentido, a psicanálise retoma a distinção entre duas definições do amor, tal como promovida e sublinhada por alguns teólogos e historiadores, em particular, Pierre Rousselot, em *Pour servir à l'histoire du problème de l'amour au Moyen Âge*[1] – obra da qual Lacan falou em seu seminário sobre *As psicoses* em 1956[2] e, sobretudo, na conferência de 3 de fevereiro de 1973, em Milão[3]. De fato, nos séculos XII e XIII, os teólogos distinguiam dois amores a Deus.

Um é dito "natural" (*physikos*, em grego), ou seja, conforme com a ordem de nossa natureza criada por Deus. Amar a Deus como sendo o Supremo Bem é amar a si mesmo, é seguir o *appetitus* de nossa verdadeira natureza cuja finalidade é Deus, isto é, o próprio Bem de sua criação. Por isso Tomás de Aquino escreveu: "Se Deus não fosse o bem do homem, o homem não teria nenhum motivo para amar a Deus" (II-II, q.26, a.13, ad.3).

Mas a outra definição é a do amor dito "extático", que põe o homem fora de si, no vazio. Com efeito, Deus é o totalmente Outro absoluto, além de toda razão "natural", toda finalidade. É a experiência espiritual, dita mística, completamente desinteressada quanto a seu bem e à sua felicidade: "Se for essa a Tua vontade, dana-me", dizia Lacan, em Milão, para exprimir o que é o desejo para além do bem.

Exclusão

A partir dessa distinção é que podemos dizer qual desses dois discursos a psicanálise exclui. Ela se distingue da definição do chamado amor "natural", a da teologia ontológica do amor divino, na medida em que esta se caracteriza pelas três seguintes particularidades.

Para começar, Deus é dito único Criador de todas as coisas. Não se trata do monoteísmo de uma determinada religião, como no judaísmo, mas de um monoteísmo universal. Deus está presente em todo o universo: mineral, vegetal, animal, humano e angélico.

Deus é o nome do Ser enquanto ser, o Ato puro.

Além disso, Deus, como causa primeira, é também causa final. Seu ser é o Bem supremo, do qual cada ente participa a seu modo, segundo sua própria essência, da matéria ao espírito, sendo cada qual parte de um Todo abrangente. Assim, Deus é *Ens diffusivum sui*, doação de ser, amor puro, dom da vida pela felicidade de todo ser. O mal e a infelicidade não podem provir d'Ele; há nisso um impossível. Essa é a ontologia do amor.

Por fim, esse discurso teológico é uma palavra capaz de dar sentido a tudo e qualquer coisa, dizendo a finalidade de toda história. Deus escreve certo por linhas tortas: tudo converge para o Bem, mesmo os pecados passados, devido à graça divina a um só tempo todo-poderosa e toda amor. Essa é a função do eclesiástico: dizer como e por que uma determinada vida se orienta para seu bem. Por exemplo, o sentido da sexualidade é o bem da procriação de um novo ser vivo.

Em novembro de 1974, no terceiro Congresso de Roma, Lacan disse numa conferência de imprensa, referindo-se aos teólogos:

> São capazes de dar um sentido realmente a qualquer coisa, um sentido à vida humana, por exemplo. São formados nisso ... . A religião vai dar um sentido às experiências mais curiosas, aquelas pelas quais os próprios cientistas começam a sentir uma ponta de angústia. A religião vai encontrar para isso sentidos truculentos. É só ver o andar da carruagem, como eles estão se atualizando.[4]

Inclusão

Ora, a psicanálise não está desse lado. Em contraposição, ela toma para si outra palavra, não sobre Deus, mas de Deus: um discurso baseado na experiência da palavra de Deus. Há nisso uma correspondência com a psicanálise conforme três características que se opõem às três anteriores.

Em primeiro lugar, o que importa não é uma Presença divina universal, mas a primazia do factual, aqui e agora: um Deus engendrando determinada história pela enunciação de uma palavra de aliança com determinado povo, o povo hebreu. Essa palavra não diz o que é, mas cria um fato, um e mais um e mais um, e assim por diante, por uma promessa que pede uma resposta. Assim sobrevém a paternidade de Abraão, de Isaac, de Jacó, apesar de suas mulheres estéreis, depois a saída do povo do Egito, a conquista de uma terra prometida, o dom da Lei a Moisés, a vinda de um Messias nascido de uma mulher virgem, o dom do Espírito fundando uma Igreja. O factual é o performativo de um dizer e não o constativo de um dito, como mostrou o linguista J.L. Austin.

Em segundo lugar, essa singularidade irredutível do factual vem do desejo de determinado Deus que continua enigmático. É assim porque é assim: um ato puro e não o efeito de uma razão justificadora. São Paulo expôs isso claramente no capítulo 9 da sua epístola aos romanos (versículos 11 a 21). Que diz ele dos dois filhos de Isaac, Esaú e Jacó?

> Quando seus filhos não tinham ainda nascido, nem haviam praticado qualquer bem ou qualquer mal, a fim de que permanecesse a liberdade do desígnio divino, que depende não das obras, mas d'Aquele que chama, Deus disse à sua mãe: "O mais velho estará sujeito ao mais novo" (Gên 25, 23), assim como está escrito: "Amei Jacó e odiei Esaú" (Mal 1, 2-3).

Que dizer então? Haverá injustiça em Deus? E Paulo responde: "Deus usa de misericórdia com quem quer e endurece quem quer" (versículo 18). E ele pergunta: "Ó homem, e quem és tu para contradizeres Deus? Perguntará, porventura, o objeto moldado a quem o moldou: 'Por que me fizeste assim?'" (versículo 20). Esta é a pergunta que o factual coloca em sua surpresa e sideração: por que isso?

Donde vem a terceira característica desse discurso: o lugar do fora do sentido. Para a pergunta: "Por que esse desejo divino e não qualquer outro?", não há resposta possível. Nisso consiste a experiência espiritual: reconhecer o fora do sentido, encontrar o impossível como dimensão do real. E isso vai ao encontro da experiência do chamado gozo fálico: um homem e uma mulher não fazem um de dois; eles não são complementares, como costuma dizer o discurso eclesiástico. Resta uma alteridade, fora do sentido irredutível: um mais um fazem dois gozos diferentes entre si.

Lacan foi ainda mais longe no seu seminário *Mais, ainda (1972-73)*[5] ao mostrar que existe um gozo para além do gozo fálico: é certo que o experimentamos, mas sem conseguir definir de que gozo se trata. E oferece como prova o testemunho de santa Teresa d'Ávila, testemunho este que qualifica de místico. E escolhe o exemplo da transverberação de que ela fala em sua autobiografia *Vie par elle-même*, exemplo que Bernini mostrou por meio da estátua que pode ser vista em Roma, ou na capa do seminário de Lacan intitulado *Mais, ainda*.

Teresa fala assim da transverberação:

> Via o anjo segurando na mão um longo dardo de ouro, em cuja extremidade de ferro havia, creio, um pouco de fogo. Parecia-me que ele o metia através de meu coração e o enfiava até as entranhas. Ao retirá-lo, poder-se-ia dizer que aquele ferro as levava com ele e me deixava toda afogueada de um imenso amor a Deus. A dor era tão intensa que me fazia soltar os gemidos de que falei ... Não é um sofrimento corporal; ele é espiritual. O corpo, contudo, não deixa de participar um pouco, muito até.[6]

Ora, se Lacan escolheu a chamada experiência mística foi porque ela é objeto de dois discursos contrários. Para o discurso teológico, o êxtase é puramente espiritual e, portanto, fora de todo gozo. Para os psiquiatras da linha de Charcot e para os psicanalistas da linha de Marie Bonaparte, trata-se de histeria e, portanto, de gozo fálico, uma "questão de foda", dizia Lacan sobre eles. Assim, na *Revue Française de Psychanalyse*,[7] Marie Bonaparte interpreta essa transverberação da seguinte maneira:

> Se os médicos e psiquiatras do século XIX já tinham suspeitado do caráter sexual dos êxtases místicos, a psicanálise demonstrou que os sintomas da histeria constituem a atividade psicossexual das psiconeuroses, por outra parte recalcada. Portanto, não podemos nos impedir de ver no êxtase de uma Teresa equivalentes do orgasmo.

Lacan, por sua vez, responde a Marie Bonaparte: embora Teresa sem dúvida goze, do que é que ela goza? E ele replica:

> É claro que o testemunho dos místicos é justamente o de dizer que eles o experimentam, mas não sabem nada dele. Essas jaculações místicas, não é lorota nem só falação, é, em suma, o que se pode ler de melhor, porque é da mesma ordem.[8]

Lacan o demonstra ele próprio por seus escritos. Com efeito, esse gozo não está reservado às mulheres. Portanto, existência sem essência: pode-se dizer que há gozo, mas não se pode dar sua essência qualificando-o de fálico; um não saber permanece irredutivelmente. Essa é sua resposta a Marie Bonaparte, que pretendia saber que se trata de um "orgasmo venéreo".

Assim, a linguagem dos místicos dá lugar ao fora do sentido, ao "sem porquê", ao "sem razão". Para a pergunta: "Que é que Deus quer ao permitir isso?", não há resposta. Por isso, a Teresa d'Ávila Lacan acrescenta João da Cruz e a beguina do século XIII Hadewijch de Antuérpia, que escreveu: "A incontável multidão de razões que me fazem preferir-Vos a todas as coisas me escapa, Senhor, quando me volto na nudez apenas para Vós, amando-Vos sem porquê, Vós mesmo por Vós mesmo."[9]

É a tradição do *ohne Warum* que encontramos em Bernard de Clairvaux, mestre Eckhart, Tauler, Suso e, sobretudo, Angelus Silesius no século XVII, que Lacan citou amiúde, e que é muito conhecido por este famoso dístico: "A rosa não tem porquê; ela floresce porque floresce, / Não cuida de si mesma, nem pergunta se alguém a vê."[10]

É exatamente isso o que a psicanálise retoma: no sentido freudiano, o ato falho é um ato bem-sucedido em sua "surpresa e sideração" quanto ao desejo do Outro. Assim, é o real como puro acaso do encontro, feliz ou infeliz, com determinado fato: *Gelassenheit*, dizia Eckhart, serenidade, desprendimento que é o "sem porquê", ou seja, desprendimento do saber da razão de ser. Há, portanto, convergência entre, por um lado, o Deus da mística, que escapa a qualquer definição da essência, e, por outro, uma mulher que, na sua vida singular, escapa a qualquer definição da mulher. A cada vez, há o impossível. Por isso Deus e uma mulher são o mesmo tipo de enigma e de fora do sentido, que é o real.

Conclusão

Neste começo do século XXI, um século depois do nascimento da psicanálise, podemos dizer que há entre determinada psicanálise e determinada religião um traço comum: para ambas há igualmente o encontro com um impossível de saber, com uma hiância irredutível.

É certo que não é o mesmo impossível; no entanto, não deixam de ter relação entre si. Trata-se da experiência de um limite na possibilidade de preencher um vazio no Outro. Para a psicanálise, esse Outro é *uma* mulher; para a religião, esse Outro é Deus ele mesmo. E todas as vezes é encontrada uma alteridade quanto ao saber do Outro.

Do lado analítico, o problema é o da interrogação do homem sobre o gozo da mulher. Claro que o homem quer a mulher: ela é objeto de seu desejo. Mas o que todo homem, seja ele quem for, encontra efetivamente é *uma* mulher e nunca a mulher. Por que essa singularidade insuperável, uma e mais uma e mais uma? Fazer uma análise é poder responder a essa pergunta.

A experiência analítica de fato ensina que uma mulher não está inteira no gozo fálico; ela o conhece, é certo, como mãe de um filho. Mas, como mulher, não está toda do lado do chamado gozo sexual. Daí provém a angústia do homem: determinada mulher, numa parte dela mesma e do seu modo singular, experimenta um gozo diferente do fálico. Abre-se aí um esvaziamento, segundo um impossível, de saber qual o gozo experimentado por uma mulher. A alteridade de um gozo outro é sem fim: uma borda faz limite a qualquer definição universal desse gozo. Somente pode se inscrever a marca dessa negação: não fálico.

Assim, para a psicanálise, a sexualidade encarna a não relação com o Outro, entre dois seres sexuados. Não há relação sexual demonstrável por um saber passível de inscrição, segundo o qual dois fazem apenas um no gozo. Há um pudor numa mulher. Joan Rivière falava justamente de *feminilidade mascarada* a respeito da feminilidade, o parecer mantendo o não saber do ser. Os atores de teatro ou de cinema sempre souberam disso, essa alteridade sendo objeto de tragédia ou de comédia. Por não conseguir reconhecer essa não relação, o discurso sobre o amor costuma falar de complementaridade, cada um dando ao outro o que ele não tem, de tal modo que duas metades fazem um inteiro. Mas a experiência concreta é totalmente diferente.

Em contrapartida, esse impossível da relação sexual não é independente de um outro impossível concernente à relação com Deus como Outro absoluto. A resposta de Javé a Moisés, que lhe pergunta seu nome, é fundante: "*ehyeh asher ehyeh,* Sou o que sou" (Ex 3, 14). Deus é inominável, ou seja, o que Freud chamava de "recalcamento originário": uma existência sem ser nem essência. Essa é a tradição mística, à margem do discurso eclesiástico, que, ao contrário, quer exaltar o poder da palavra para melhor fazer ensinamento.

Segundo a experiência mística, Angelus Silesius não teme escrever: "*Gott ist ein lauter Nichts.*"

"Deus é um Nada puro.

Nenhum agora, nenhum aqui O toca.

Quanto mais procuras apreendê-Lo, mais Ele te escapa."[1]

Mas esse Vazio, esse Nada, é criador: do impossível de saber nasce um possível. Por isso, Angelus Silesius escrevia:

"Quem teria pensado? Das trevas vem a luz.

A Vida vem da morte e o que é, do Nada."[2]

Pode-se, portanto, concluir que o vínculo entre espiritualidade e psicanálise está aí e em nenhuma outra parte. Deus nada mais é senão o que faz com que não possa se escrever a relação sexual entre o homem e a mulher, relação que de dois faria um. Com efeito, o impossível da nomeação do ser de Deus é o homólogo desse impossível que faz com que uma mulher em sua existência singular escape de qualquer definição da mulher.

Ora, esse é o único vínculo entre religião e psicanálise. Todas as outras considerações de identidade apenas fazem mascarar o verdadeiro encontro de um mesmo real que une duas experiências diferentes.

Notas

INTRODUÇÃO *(p.9-12)*

1. Sigmund Freud, *La question de l'analyse profane*, Paris, Gallimard, 1985, p.133. [Ed. bras.: "A questão da análise leiga", in *ESB*, vol.20, Rio de Janeiro, Imago, várias eds.]

I. A RELIGIOSIDADE SEGUNDO FREUD *(p.13-16)*

1. Sigmund Freud, "Actions compulsives et exercices religieux", in *Névrose, psychose et perversion*, Paris, PUF, 1973, p.133s. [Ed. bras.: "Atos obsessivos e práticas religiosas", in *ESB*, vol.9, Rio de Janeiro, Imago, várias eds.]
2. Sigmund Freud, *Un souvenir d'enfance de Léonard de Vinci*, Paris, Gallimard, 1987, p.156. [Ed. bras.: "Leonardo da Vinci e uma lembrança da sua infância", in *ESB*, vol.11, Rio de Janeiro, Imago, várias eds.]
3. Idem.
4. Sigmund Freud, *Un souvenir d'enfance de Léonard de Vinci*, Paris, Gallimard, 1987, p.157. [Ed. bras.: "Leonardo da Vinci e uma lembrança da sua infância", in *ESB*, vol.11, Rio de Janeiro, Imago, várias eds.]
5. Idem.

6. Sigmund Freud, *L'Avenir d'une illusion*, Paris, PUF, 1971, p.25. [Ed. bras.: *O futuro de uma ilusão*, in *ESB*, vol.21, Rio de Janeiro, Imago, várias eds.]
7. Idem.
8. Sigmund Freud, *L'Avenir d'une illusion*, Paris, PUF, 1971, p.43. [Ed.bras.: *O futuro de uma ilusão*, in *ESB*, vol.21, Rio de Janeiro, Imago, várias eds.]
9. Ibid., p.45.
10. Sigmund Freud, *Malaise dans la culture*, Paris, PUF, 1971, p.16. [Ed. bras.: *O mal-estar na civilização*, in *ESB*, vol.21, Rio de Janeiro, Imago, várias eds.]
11. Ibid., p.17.
12. Sigmund Freud, *Nouvelles conférences d'introduction à la psychanalyse*, Paris, Gallimard, 1984, p.224. [Ed. bras.: *Novas conferências introdutórias à psicanálise*, in *ESB*, vol.22, Rio de Janeiro, Imago, várias eds.]

II. Psicanálise e modernidade *(p.17-24)*

1. Rudolfo Otto, *Le sacré*, Paris, Payot, reed., 2001 [1917]. [Ed. bras.: O *sagrado*, Petrópolis, Vozes, 2007.]
2. Mircea Eliade, *Le sacré et le profane*, Paris, Gallimard, col. Folio Essais, trad. francesa 1965, reed., 1987 [1957]. [Ed. bras.: *O sagrado e o profano*, São Paulo, Martins Fontes, 2008.]
3. Lucien Jerphanion, *Les dieux ne sont jamais loin*, Paris, Desclée de Brouwer, 2002.
4. Ibid., p.47.
5. Ibid., p.65.
6. Alexandre Kojève, "L'origine chrétienne de la science moderne", in *Mélange pour Alexandre Koyré*, t.II, *L'Aventure de l'esprit*, Hermann, 1964, p.294-306. [Ed. bras.: "A origem

cristã da ciência moderna", *Opção Lacaniana*, São Paulo, n.28, jul 2000, p.82-6.]

7. Marcel Gauchet, *Le désenchantement du monde*, Paris, Gallimard, 1985, p.204.

III. Jung e o religioso *(p.25-34)*

1. Carl Gustav Jung, *Psychologie et religion*, Paris, Buchet-Chastel, 1958, p.17. [Ed. bras.: *Psicologia e religião*, in *Obras completas de Carl Gustav Jung XI/1*, Petrópolis, Vozes, 2004.]
2. Carl Gustav Jung, *Le divin dans l'homme*, Cartas sobre as religiões, escolhidas e apresentadas por Michel Cazenave, Paris, Albin Michel, 1999.
3. Richard Noll, *Jung*, "*Le Christ aryen*", Paris, Plon, 1999.
4. Carl Gustav Jung, "La situation actuelle de la psychothérapie", *Cahiers Jungiens de Psychanalyse*, n.96, out-nov, 1999.
5. Richard Noll, *Jung*, op.cit., p.117.
6. Ibid., p.222.
7. Sigmund Freud e Carl Gustav Jung, *Correspondance*, t.II, Paris, Gallimard, 1975, p.24. [Ed. bras.: *Correspondência completa de Sigmund Freud e C.G. Jung*, Rio de Janeiro, Imago, 1993.]
8. Carta publicada em francês em *C.G. Jung*, *Cahier de L'Herne*, 1984, p.318.

IV. Atualidade de Jung *(p.35-43)*

1. Eugen Drewermann, *La peur et la faute*, Paris, Cerf, 1992, p.50.
2. Eugen Drewermann, *La parole qui guérit*, Paris, Cerf, 1991, p.209.

3. Ibid., p.93.
4. Ibid., p.69.
5. Ibid., p.244.
6. Citado como epígrafe de: Eugen Drewermann, *De la naissance des dieux à la naissance du Christ*, Paris, Seuil, 1992.
7. Ibid., p.96.
8. Eugen Drewermann, *La parole qui guérit*, Paris, Cerf, 1991, p.267.
9. Ibid., p.283.
10. Ibid., p.87.
11. Ibid., p.193.
12. Ibid., p.367.
13. Ibid., p.283.
14. Ibid., p.166.
15. Sigmund Freud e Carl Gustav Jung, *Correspondance*, t.II, Paris, Gallimard, 1975, p.24. [Ed. bras.: *Correspondência completa de Sigmund Freud e C.G. Jung*, Rio de Janeiro, Imago, 1993.]
16. Idem.

V. Lacan e a morte de Deus *(p.44-53)*

1. Jacques Lacan, *Le Séminaire*, livre VII, *L'Éthique de la psychanalyse*, Paris, Seuil, 1986, p.208. [Ed. bras.: *O Seminário*, livro 7, *A ética da psicanálise*, Rio de Janeiro, Jorge Zahar, 1988, p.216.]
2. Ibid., p.227. [Ed. bras.: Ibid., p.235.]
3. Jacques Lacan, *Écrits*, Paris, Seuil, 1966, p.812. [Ed. bras.: *Escritos*, Rio de Janeiro, Jorge Zahar, 1998, p.827.]
4. Jacques Lacan, *Le Séminaire*, livre VII, *L'Éthique de la psychanalyse*, Paris, Seuil, 1986, p.209. [Ed. bras.: *O Seminário*, livro 7, *A ética da psicanálise*, Rio de Janeiro, Jorge Zahar, 1988, p.217.]

5. Idem.
6. Jacques Lacan, *Le Séminaire*, livre VII, *L'Éthique de la psychanalyse*, Paris, Seuil, 1986, p.155. [Ed. bras.: *O Seminário*, livro 7, *A ética da psicanálise*, Rio de Janeiro, Jorge Zahar, 1988, p.162.]
7. Em 23 dez 1959 e 16 mar 1960, na *Ética da psicanálise*; em 20 dez 1963, em *Nomes-do-Pai*; em 26 abr 1967, na *Lógica da fantasia*; em 4 dez 1968, 11 dez 1968 e 4 jun 1969, em *De um Outro ao outro*; em 21 jan 1973, em *Mais, ainda*; e em 15 abr 1975, em *R.S.I.*
8. Étienne Gilson, *L'Esprit de la philosphie médiévale*, Paris, Vrin, reed., 1989 [1932], p.50, n.1. [Ed. bras.: *O espírito da filosofia medieval*, São Paulo, Martins Fontes, 2006.]
9. Sigmund Freud, *L'Homme Moïse et le monothéisme*, Paris, Gallimard, reed., 1986 [1939], p.203-9. [Ed. bras.: *Moisés e o monoteísmo*, in *ESB*, vol.23, Rio de Janeiro, Imago, várias eds.]
10. Sigmund Freud, *L'Interprétation des rêves*, Paris, PUF, reed., 1980, p.175. [Ed. bras.: *A interpretação dos sonhos*, in *ESB*, vol.4, Rio de Janeiro, Imago, várias eds.]
11. Ibid., p.433.
12. Jacques Lacan, *Le Séminaire*, livre VII, *L'Éthique de la psychanalyse*, Paris, Seuil, 1986, p. 227. [Ed. bras.: *O Seminário*, livro 7, *A ética da psicanálise*, Rio de Janeiro, Jorge Zahar, 1988, p.236.]

VI. O AMOR AO PRÓXIMO *(p.54-60)*

1. Jacques Lacan, *Le Séminaire*, livre VII, *L'Éthique de la psychanalyse*, Paris, Seuil, 1986, p.227. [Ed. bras.: *O Seminário*, livro 7, *A ética da psicanálise*, Rio de Janeiro, Jorge Zahar, 1988, p.236.]
2. Jacques Lacan, *Écrits*, Paris, Seuil, 1966, p.789. [Ed. bras.: *Escritos*, Rio de Janeiro, Jorge Zahar, 1998, p.801.]

VII. Divergências e convergências *(p.61-68)*

1. Pierre Rousselot, *Pour servir à l'histoire du problème de l'amour au Moyen Âge*, Paris, Vrin, reed., 1981 [1933].
2. Jacques Lacan, *Le Séminaire*, livre III, *Les psychoses*, Paris, Seuil, 1981, p.287. [Ed. bras.: *O Seminário*, livro 3, *As psicoses*, Rio de Janeiro, Jorge Zahar, 1988, p.287.]
3. *Lacan in Italia, 1953-1978. En Italie Lacan*, G. Contri (org.), Milão, La Salamandre, 1978, p.87-9. [O título da conferência era *La psychanalyse dans sa référence au rapport sexuel. Conférence à Milan*. (N.T.)]
4. Jacques Lacan, *Le triomphe de la religion*, Paris, Seuil, 2005, p.80. [Ed. bras.: *O triunfo da religião*, Rio de Janeiro, Jorge Zahar, 2005, p.65-6.]
5. Jacques Lacan, *Le Séminaire*, livre XX, *Encore*, Paris, Seuil, 1975, p.70-1. [Ed. bras.: *O Seminário*, livro 20, *Mais, ainda*, Rio de Janeiro, Jorge Zahar, 2008, p.81-2.]
6. Santa Teresa d'Avila, *Vie écrite par elle-même*, Paris, Seuil, col. Points-Sagesses, 1997, p.309.
7. *Revue Française de Psychanalyse*, n.2, 1948, p.193.
8. Jacques Lacan, *Le Séminaire*, livre XX, *Encore*, Paris, Seuil, 1975, p.71. [Ed. bras.: *O Seminário*, livro 20, *Mais, ainda*. Rio de Janeiro, Jorge Zahar, 2008, p.82.]
9. Hadewijch de Antuérpia, *Écrits mystiques des béguines*, Paris, Seuil, 1954, p.141.
10. Angelus Silesius, *La rose est sans pourquoi*, Paris, Arfuyen, 1988, p.29, com comentário de Heidegger.

Conclusão *(p.69-71)*

1. Angelus Silesius, *La rose est sans pourquoi*, Paris, Arfuyen, 1988, p.12.
2. Ibid., p.49.

Sobre o autor

Philippe Julien é professor de filosofia, psicanalista e escritor. Integrou a Escola Freudiana de Paris, fundada em 1964 por Jacques Lacan. Atualmente, leciona na Letra Lacaniana e participa do Centro de Pesquisa de Psicanálise e Escritas, em Paris. É autor, entre outros livros, de *Abandonarás teu pai e tua mãe* (2004); *Psicose, perversão, neurose* (2003); *As psicoses: Um estudo sobre a paranoia comum* (1999); *A feminilidade velada: Aliança conjugal e modernidade* (1997); *O manto de Noé: Ensaio sobre a paternidade* (1997); e *O estranho gozo do próximo* (1996), este pela Zahar.

Coleção Transmissão da Psicanálise

Não há relação sexual
Alain Badiou

Fundamentos da Psicanálise de Freud a Lacan
(3 volumes)
Marco Antonio Coutinho Jorge

Transexualidade
Marco Antonio Coutinho Jorge; Natália Pereira Travassos

Por Amor a Freud
Hilda Doolittle

A Criança do Espelho
Françoise Dolto e J.-D. Nasio

O Pai e sua Função em Psicanálise
Joël Dor

Introdução Clínica à Psicanálise Lacaniana
Bruce Fink

A Psicanálise de Crianças e o Lugar dos Pais
Alba Flesler

Freud e a Judeidade
Betty Fuks

A Psicanálise e o Religioso
Phillipe Julien

O Que É Loucura?
Simplesmente Bipolar
Darian Leader

5 Lições sobre a Teoria de Jacques Lacan
9 Lições sobre Arte e Psicanálise
Como agir com um adolescente difícil?
Como Trabalha um Psicanalista?
A Dor de Amar
A Dor Física
A Fantasia
Os Grandes Casos de Psicose
A Histeria
Introdução à Topologia de Lacan
Introdução às Obras de Freud, Ferenczi, Groddeck, Klein, Winnicott, Dolto, Lacan
Lições sobre os 7 Conceitos Cruciais da Psicanálise
O Livro da Dor e do Amor
O Olhar em Psicanálise
Os Olhos de Laura
Por que repetimos os mesmos erros?
O PSrazer de Ler Freud
Psicossomática
O Silêncio na Psicanálise
Sim, a Psicanálise Cura!
J.-D. Nasio

Guimarães Rosa e a Psicanálise
Tania Rivera

A Análise e o Arquivo
Dicionário amoroso da psicanálise
Freud – Mas Por Que Tanto Ódio?
Lacan, a despeito de tudo e de todos
O Paciente, o Terapeuta e o Estado
A Parte Obscura de Nós Mesmos
Retorno à Questão Judaica
Sigmund Freud na sua época e em nosso tempo
Elisabeth Roudinesco

O Inconsciente a Céu Aberto da Psicose
Colette Soler

1ª EDIÇÃO [2010]

ESTA OBRA FOI COMPOSTA POR MARI TABOADA EM BEMBO E
IMPRESSA PELA UMLIVRO EM PROCESSO DE IMPRESSÃO SOB
DEMANDA SOBRE PAPEL OFFSET DA SUZANO S.A. PARA
A EDITORA SCHWARCZ A PARTIR DE MAIO DE 2020

FSC
www.fsc.org
MISTO
Papel produzido
a partir de
fontes responsáveis
FSC® C128038

A marca FSC® é a garantia de que a madeira utilizada na fabricação do papel deste livro provém de florestas que foram gerenciadas de maneira ambientalmente correta, socialmente justa e economicamente viável, além de outras fontes de origem controlada.